AN T-IAC A BU LUGHA

Do mo mhàthair,
A bhios an-còmhnaidh a' faicinn 'a' mhòrachd' a th' annam.
Le tòrr gaoil, LF xxx

Do Jane agus Helen – TAING MHÒR! KH

SIMON & SCHUSTER
Lunnainn   New York   Tokyo   New Delhi

A' chiad fhoillseachadh ann am Breatainn ann an 2020 le Simon & Shuster UK Earr.
Ist Floor, 222 Gray's Inn Road, Lunnainn WC1X 8HB
1 3 5 7 9 10 8 6 4 2

© an teacsa Sarah Louise MacLean 2020   © nan dealbhan Kate Hindley 2020

Tha Sarah Louise MacLean agus Kate Hindley a' dleasadh an còraichean a bhith air an aithneachadh mar ùghdar
agus dealbhaiche an leabhair seo, a rèir Achd Còrach-lethbhreac, Dhealbhaidhean agus Pheutantan, 1988.

A' chiad fhoillseachadh sa Ghàidhlig 2021 le Acair,
An Tosgan, Rathad Shìophoirt, Steòrnabhagh, Eilean Leòdhais HS1 2SD

www.acairbooks.com   info@acairbooks.com

© an teacsa Ghàidhlig Acair, 2021

An teacsa Gàidhlig Mòrag Anna NicNèill, 2021
An dealbhachadh sa Ghàidhlig Mairead Anna NicLeòid

Tha Acair a' faighinn taic bho Bhòrd na Gàidhlig.

Gheibhear clàr catalogaidh airson an leabhair seo bho Leabharlann Bhreatainn.

Clò-bhuailte san Rìoghachd Aonaichte le Bell & Bain Earr., Glaschu.
LAGE/ISBN: 978-1-78907-106-1

AN T-IAC A BU LUGHA

LU FRASER · KATE HINDLEY

acair

Air fìor mhullach beinne am measg ghailleannan reòthta
Agus stoirmean fuara a lathadh gach òrdag,

Nan crùban bha treud le gach meudachd de iac,
Is b' i Geartaidh le cinnt . . .

a bu lugha dhiubh air fad.

Nis, b' e iac dìreach GRINN a bh' ann an
   Geartaidh bheag chòir,
'S air a druim gun robh camagan
   dualach de chlòimh.

Gun dìreadh i leacan,
ged sleamhainn bhiodh
   cùisean,

Is grèim teann aig a ladhran
le briog brag a bha sunndach.

Seadh, bha Geartaidh gu tur
mar bu chòir dhi a bhith

ACH . . .

. . . "Chan eil MEUD annam idir!" bhiodh i ag osnaich gu sgìth.

"'S mi an t-iac aig a' chùl, daonnan beag agus meanbh,
Tha mi ag iarraidh fàs MÒR, 's a bhith àrd agus garbh!
Leis na ladhran as motha is na h-adharcan as àille,

Chan eil sìon nach dèan iac
a tha MÒR agus làidir!"

"Ach gheibhear," thuirt Mamaidh, "gach seòrsa de iac
Is tha MÒRACHD ri fhaotainn ann an iomadach dreach!
Is dòcha gum bi thu trom, tapaidh aon là,
Ach tha e SGOINNEIL a bhith beag,
's na biodh cabhag ort fàs."

Ach nuair a thàinig an oidhche is a dheàlraich na reultan,
Bha Geartaidh ri osnaich, bho mheadhan an treuda.

"Tha meudachd is mòrachd car FAD ÀS an-dràsta,
Cha dèan bigead a' chùis! 'S e tha dhìth orm ach ÀIRDE!"

Sa bhad thòisich Geartaidh air PLANA FÀS MÒR

Is dh'ith i gach glasrach, gach lus agus pòr.

Thar stùcan is slèibhtean
le stùirn agus stàirn,

Gheàrr i sìnteagan sunndach

is cha robh i MIONAID na tàmh!

Is leugh i gach leabhar 'son a smuaintean a ghleusadh
  (Oir aig inbhich nan cinn
  tha rudan mòra is feumail).

Ach ged a bha Geartaidh làn dòchais is dìchill,
Chaidh na làithean ud seachad… is bha i fhathast beag, bìodach.

"Ach dè," gun do ghlaodh i,
"MURA fàs mi gu bràth?"

Is thuit deòir a bha saillte
bho a gruaidh chun an làir.

Ach ist! Dè bha siud?
Bha rud a' tighinn dlùth dhi . . .

. . . Starram coise ceud iac 's iad a' teàrnadh ga h-ionnsaigh!

Is air thòiseach air càch, a' tighinn tron t-sneachda
bha Mamaidh,
"GREAS ORT! Ò a Gheartaidh," gun do ràin i,
"DÈAN CABHAG!

Seall suas!
Tha iac STEIGTE!
Aig fìor oir na carraig'!

San àite as caoile,
is as creagaich dhen bhearradh!"

"Tha AR ladhran ro throm, is AR n-adharcan ro fharsaing
Cha toill sinn air leac bheag 's chan fhaigh sinne tarsainn!

Ach is TUSA an t-iac as lugha a th' ann.
Is bheir THUSA air ais e is do ghrèim-sa cho teann!"

"Tha feum agaibh . . . ORMSA?!"
chagair Geartaidh gu subhach.

"Nì mo lughad rud MÒR
's chan eil cùisean cho dubhach!"

Siud Geartaidh a-mach.

Cha robh ùine ri chall!

Thar chreagan bha reòthta gun deach i na deann,

Suas, suas is na b' àirde,
a' bocail 's a' leum . . .

Chun na lice is siud e . . .

. . . An t-iac beag leis fhèin.

"Ò!" arsa Geartaidh, nuair a sguir i a dhìreadh.
"'S e a th' annad ach creutair . . .

car beag is . . .

CAR BÌODACH!"

"Bha mi sreap," thuirt an t-iac, "ach tha mo ghrèim-sa cho truagh."
Bha dhà adharc air chrith 's bha e fann leis an fhuachd.

"Tha mo ghrèim-sa fìor theann is air sreap tha mi eòlach,"
thuirt Geartaidh le gàire, "thugainn, cromaidh sinn còmhla!"

Agus suas air a druim
leum an t-iac beag le dealas,

Is tro chreagan is deigh
gun deach Geartaidh na cabhaig . . .

Air ais chun an treud' a bha ag èigheach le aoibhneas,
"RINN THU CHÙIS AIR, A GHEARTAIDH!" ràin iad uile le coibhneas.

"Às D' AONAIS, bhiodh an naoidhean ud steigt' air a' chreig.
Tha cuid de rudan do-dhèanta ACH DO IAC A THA BEAG!"

Chaidh Geartaidh a ghlacadh ann an
   uchd clòimheach, blàth
Is na cluais chagair Mamaidh gu socair le gràdh,

   "Cho cinnteach 's a tha reultan a' deàlradh gu h-àrd,
   Ann am priobadh na sùla, bidh tusa air fàs.

Ach chunnaic thu an-dràsta, is tu beag agus grinn,
Gu bheil am pailteas de mhòrachd nad bhroinn-sa, le cinnt."

Is ag amharc na gealaich thuirt Geartaidh le sonas,
"A thaobh a bhith beag… chan eil e buileach cho dona!

Oir do Gheartaidh sam bith,
seo a' mheudachd as àbhaist.
Tha mi beag agus bìodach . . .

is dìreach **taghta** mar tha mi!"